Sentimientos

Preocupación

Sarah Medina

Ilustrado por Jo Brooker

Heinemann Library
Chicago, Illinois

© 2008 Heinemann Library
a division of Reed Elsevier Inc.
Chicago, Illinois

Customer Service   888–454–2279
Visit our website at www.heinemannlibrary.com

Photo research by Erica Martin
Designed by Jo Malivoire
Color Reproduction by Dot Gradations Ltd, UK
Translation into Spanish produced by DoubleO Publishing Services
Printed in China by South China Printing Company Limited

12 11 10 09 08
10 9 8 7 6 5 4 3 2 1

ISBN 13: 978-1-4329-0634-4 (hb)   978-1-4329-0642-9 (pb)
ISBN 10: 1-4329-0634-8 (hb)   1-4329-0642-9 (pb)

Library of Congress Cataloging-in-Publication Data
Medina, Sarah, 1960-
 [Worried. Spanish]
 Preocupación / Sarah Medina ; ilustrado por Jo Brooker.
    p. cm. -- (Sentimientos)
 ISBN 978-1-4329-0634-4 (hb) -- ISBN 978-1-4329-0642-9 (pb)
 1. Worry--Juvenile literature. I. Brooker, Jo, 1957- II. Title.
 BF575.W8M4318 2008
 152.4'6--dc22

                         2007040184
Acknowledgments
The author and publisher are grateful to the following for permission to reproduce copyright material:
Bananastock p. **22 C, D**; Corbis p. **22A**; Getty Images/Taxi p. **22B**.

Every effort has been made to contact copyright holders of any material reproduced in this book. Any omissions will be rectified in subsequent printings if notice is given to the publisher.

Contenido

Algunas palabras aparecen en negrita, **como éstas**. Están explicadas en el glosario de la página 23.

¿Qué es la preocupación?

La preocupación es un **sentimiento**. Los sentimientos son algo que sientes en tu interior. Todos tenemos diferentes sentimientos todo el tiempo.

felicidad

tristeza

enojo

Cuando estás preocupado puede que pienses que algo malo pasará.

¿Qué ocurre cuando me siento preocupado?

Cuando estás preocupado puedes sentirte enfermo y tener **dolor de barriga.**

Puedes sentir que tu corazón **late** muy fuerte.
Puede que no logres dormir.

¿Por qué me siento preocupado?

Puedes sentirte preocupado cuando haces algo por primera vez, como empezar en una escuela nueva.

Te puedes preocupar porque piensas que otros niños no jugarán contigo.

¿Está bien sentirse preocupado?

Todos nos sentimos preocupados algunas veces. La preocupación no es un **sentimiento** agradable.

Es bueno preocuparse a veces, pero no te preocupes demasiado. ¡Te puedes perder la diversión!

¿Qué puedo hacer si me siento preocupado?

Si algo te preocupa, díselo a personas que se interesen por ti. Te ayudarán.

Intenta no pensar mucho en lo que te preocupa.
Juega o haz algo divertido en su lugar.

¿Me sentiré preocupado siempre?

Los **sentimientos** cambian siempre.
Puede que a veces te sientas preocupado,
pero no siempre será así.

Cuando estés preocupado, recuerda
los momentos felices.

¿Cómo sé si alguien se siente preocupado?

Cuando las personas están preocupadas por algo, puede que no sientan ganas de comer su almuerzo.

Puede que no quieran jugar contigo.
Tal vez prefieran quedarse solos.

¿Puedo ayudar a alguien que se sienta preocupado?

Puedes ayudar a las personas que están preocupadas. Pregunta por qué están preocupadas. Escúchalas atentamente.

Diles que las ayudarás si puedes.
O que pedirás ayuda a un adulto.

¡Ahora me siento mejor!

Recuerda que todos nos sentimos preocupados algunas veces. Está bien sentirse preocupado siempre y cuando no te preocupes demasiado.

Es bueno saber qué hacer cuando te sientes preocupado. Así puedes pensar en qué hacer para sentirte mejor.

¿Qué son estos sentimientos?

¿Cuál de estos niños parece feliz?

¿Qué sienten los otros niños?

Mira la página 24 para ver las respuestas.

Glosario ilustrado

dolor de barriga

malestar en tu estómago

latir

hacer un sonido o moverse
de arriba a abajo en
tu pecho

sentimiento

algo que sientes en tu interior.
La preocupación es un
sentimiento.

Índice

Respuestas a las preguntas de la página 22

La niña en la foto D parece feliz. Los otros niños podrían sentirse preocupados, enojados o tristes.

Nota a padres y maestros

Leer para informarse es parte importante del desarrollo de la lectura en el niño. El aprendizaje comienza con una pregunta sobre algo. Ayuden a los niños a imaginar que son investigadores y anímenlos a hacer preguntas sobre el mundo que los rodea. Muchos capítulos en este libro comienzan con una pregunta. Lean juntos la pregunta. Fíjensen en las imágenes. Hablen sobre cuál piensan que puede ser la respuesta. Después, lean el texto para averiguar si sus predicciones fueron correctas. Piensen en otras preguntas que podrían hacer sobre el tema y comenten dónde podrían encontrar las respuestas. Ayuden a los niños a utilizar el glosario ilustrado y el índice para practicar vocabulario nuevo y destrezas de investigación.